MANIFESTE

OSONS LES TERRITOIRES !

Le Pommier

Introduction

Crise de la démocratie, crise climatique, crise politique, crise de l'action publique, société profondément divisée. Dans le sillage des élections législatives de 2022, les dirigeants politiques sont confrontés, avec une Assemblée nationale qui pour une fois reflète les fractures de la société, à un choix décisif pour la France : le blocage – et son jumeau cosmétique : « Tout changer pour que rien ne change », selon l'expression fameuse du *Guépard* – ou un effort collectif de refondation.

Convaincu, bien avant les élections, au regard de la pauvreté des programmes des candidats à la présidence de la République, que cet effort ne viendrait pas de l'intérieur du monde politique, un petit collectif s'est formé au sein de la Fabrique des transitions[1] pour apporter sa pierre à cette refondation dont la nécessité nous

1. Née en 2020 à l'initiative de Jean-François Caron, maire de Loos-en-Gohelle et pionnier de la transition, la Fabrique des transitions (www.fabriquedestransitions.net) est une alliance de plusieurs centaines d'acteurs et de réseaux, collectivités territoriales, organisations de la société civile, entreprises, centres ressources, centres de recherche et de formation, agences et structures étatiques unis par la conviction que les territoires sont des acteurs majeurs de la transition vers des sociétés durables.

semblait, déjà, évidente. Il s'est baptisé « Osons les territoires ! » car, à travers des itinéraires professionnels, intellectuels et militants variés, ses membres partagent l'intuition que le développement de l'action territoriale, aujourd'hui entravé par la culture étatique dominante et des institutions centralisées, contribuera de façon décisive à cet effort.

C'est le fruit de ces réflexions que nous présentons ici. La nécessité pour la société politique française, après les élections législatives, d'apprendre, comme la plupart des autres sociétés européennes, l'art du compromis donne aux propositions qui suivent une singulière actualité.

Crise de la démocratie. Le taux d'abstention, notamment chez les jeunes, a révélé que la capacité de la démocratie à concilier les attentes immédiates de la société avec la conduite de mutations profondes, indispensables pour relever le défi de la transition vers des sociétés durables, fait l'objet de sérieux doutes.

Crise du climat. Nos sociétés se sont montrées incapables depuis trente ans, en dépit d'innombrables mises en garde, de limiter le réchauffement climatique et de réformer, pour ce faire, notre modèle économique, notre système éducatif et nos façons de gouverner. Forts du constat qu'un fossé se creuse entre l'ampleur des évolutions et le conformisme impuissant des réponses apportées, beaucoup en viennent à penser que nous n'échapperons pas à un grand effondrement, faute d'avoir su réconcilier l'humanité et la biosphère.

Crise sociale. Malgré l'ampleur des dépenses publiques, comme l'attestent un taux d'imposition particulièrement élevé et un endettement public inédit en temps de paix, une fraction croissante de la population se sent délaissée, méprisée et l'exprime dans ses votes.

Les réponses proposées aujourd'hui par les différents partis politiques, pour faire face à ces crises, ne sont pas à la hauteur. Nous avons besoin de politiques radicales, c'est-à-dire qui aillent à la racine des problèmes. Comme le formulait Albert Einstein : « On ne peut résoudre un problème avec les hypothèses mêmes qui lui ont donné naissance. » Peut-on sauver la démocratie et être à la hauteur des enjeux climatiques tout en restant dans les systèmes de pensée, institutionnel et d'acteurs qui sont précisément à la source de leurs crises ? Non. C'est tout l'enjeu de ce manifeste que de décrire leur réforme.

La « première modernité », née en Europe entre le XVIe et le XIXe siècle, a forgé notre monde. Elle a fait naître les doctrines économiques et sociales dans lesquelles nous sommes immergés ; elle a fait émerger les acteurs dominants de notre vie politique et économique, États souverains et entreprises transnationales ; elle a modelé nos sensibilités, nos manières d'être, notre économie, notre système éducatif. Son efficacité s'est fondée sur la séparation, la spécialisation. En contrepartie de ses nombreux apports positifs, elle a engendré une crise multiforme des relations. C'est une seconde modernité, tissant au contraire des relations, qu'il convient désormais d'inventer puis de traduire dans l'action publique.

La boussole de la seconde modernité

Selon Edgar Morin, une société laïque est une société où la question prime sur la réponse. On peut en dire autant de la démocratie. Elle ne consiste pas à se mettre nécessairement d'accord sur les réponses à apporter aux défis de la société ; elle suppose plutôt l'élaboration d'un consensus sur les questions auxquelles il convient de répondre, sur les défis à relever, pour rechercher ensuite, par le dialogue et la confrontation, des compromis par rapport aux réponses à apporter.

Le volume des racines d'un arbre est équivalent au volume de ses branches. Il en va de même pour la société. Sa capacité à regarder loin vers l'avenir découle de sa capacité à regarder loin en arrière dans son histoire. Chaque époque tente de répondre à ses propres défis. La première modernité en Europe a répondu aux défis de la société de son époque. À nous de faire preuve de la même inventivité pour apporter des réponses adaptées aux défis de notre temps. Pas de réponses figées, inscrites dans le marbre, mais une boussole pour nous guider. Comme le disait le philosophe latin Sénèque, il n'y a pas de bon vent pour le marin qui ne sait où il va.

Passer de l'efficacité opérationnelle à la (re)création de la relation: c'est tout le sens de cette boussole que nous allons découvrir en mettant en regard, dans de nombreux domaines, ce qu'a engendré la première modernité et les réponses que nous proposons pour entrer de plain-pied dans une seconde modernité.

Les sciences, les technologies, l'éducation

La première modernité a privilégié l'essor des sciences et des technologies. Celles-là nous ont permis de nous affranchir des limites des ressources naturelles, qui ne pouvaient, à technologies données, que conduire à un équilibre malthusien. La croissance démographique a engendré nécessairement un appauvrissement et des crises dès lors qu'elle a surpassé ces ressources. La foi dans la technologie inspire, de nos jours encore, beaucoup de réponses à nos crises, par exemple au réchauffement climatique: nul besoin, prétendent ces croyants, de transformer en profondeur nos rapports entre humanité et biosphère, nul besoin de transformer nos modes de vie et d'aller vers plus de sobriété, l'innovation technologique pourvoira à tout.

Nous découvrons, au contraire, qu'il est nécessaire de revoir en profondeur le rapport qu'entretient la société avec les technologies, de ne plus faire de l'innovation un but en soi mais une démarche subordonnée aux besoins réels de la société. Dans l'optique urgente de la préservation du climat, l'illusion selon laquelle les progrès technologiques éviteraient toute remise en cause de notre mode de vie se dissipe. Même les gouvernements les plus adeptes de l'innovation à tout crin en conviennent désormais, quand, depuis la fin de la Seconde Guerre mondiale, on croyait, ou feignait de croire, à une spirale vertueuse : le progrès des sciences fondamentales était supposé induire des progrès technologiques engendrant eux-mêmes une croissance profitant à tous. Ce contrat entre innovation technique et société doit aujourd'hui être revisité.

Sciences et techniques se sont organisées en disciplines. Or, si l'efficacité opérationnelle de cette démarche est indéniable – l'accélération du progrès technique l'atteste –, aujourd'hui que nous sommes confrontés à la nécessité de concevoir et de conduire une transition vers des sociétés durables, c'est d'approches beaucoup plus intégrées, faisant une place plus grande aux citoyens et aux relations entre sciences de la nature et sciences humaines, dont nous avons besoin. Faute de quoi, comme on le voit à l'œuvre dans le secteur de la santé, où institutions médicales et gestes techniques ont pris le commandement, l'humanité se trouve dépossédée de son destin.

L'éducation reflète cette segmentation des sciences et des techniques, transmettant des savoirs disciplinaires, souvent coupés de l'engagement dans la Cité. Or, les expériences les plus intéressantes sont aujourd'hui celles qui s'enracinent dans des territoires et permettent aux jeunes de prendre des engagements et d'assumer leurs responsabilités à leur propre mesure, en mobilisant pour ce faire des connaissances tirées de diverses disciplines. Par le biais de projets collectifs, les jeunes sortent de la compétition interindividuelle dans laquelle les place le système éducatif pour apprendre la coopération au service d'un projet partagé.

Les rapports entre l'humanité et la biosphère

La foi dans le progrès scientifique s'est accompagnée d'une rupture radicale entre l'humanité et la biosphère. Les civilisations ont situé ces relations entre deux pôles. D'un côté du spectre, l'humanité fait partie intégrante de la biosphère tout en étant capable d'en utiliser les ressources à son profit; de l'autre, caractéristique de la première modernité, l'humanité réduit la biosphère à un réservoir de « ressources naturelles », à exploiter à son seul profit. Au cours du XXe siècle, le capitalisme comme le communisme, idéologies dominant l'échiquier politique international, ont l'un comme l'autre penché vers ce second pôle. Jusqu'à la fin de la Seconde Guerre mondiale, l'Occident a puisé dans les ressources naturelles et l'énergie fossile du monde entier à son seul profit, tout en entretenant l'idée qu'elles étaient illimitées. Les mises en garde n'ont pas manqué, depuis le rapport Meadows de 1972 sur « les limites de la croissance ». Ainsi, la relation entre l'humanité et la biosphère doit être repensée, rééquilibrée, car la préservation des conditions de vie sur Terre – et, partant, le respect des limites de la biosphère – est aujourd'hui une condition de survie.

L'agriculture et l'alimentation sont à l'image de nos rapports avec la biosphère. L'agriculture dite moderne, née au XIXe siècle, fondée sur la chimie et largement inspirée par la démarche industrielle, a été l'une des manifestations de la rupture entre l'humanité et la nature. Elle a massivement mobilisé l'énergie fossile, soit directement soit par le biais d'intrants très coûteux en énergie ; a épuisé les sols ; s'est affranchie des conditions du milieu. Sous les dehors de son apparente technicité, elle s'est dispensée d'une connaissance fine des écosystèmes, des nombreuses interactions, rétroactions et coopérations qui ont lieu au sein du monde végétal comme du monde animal. En réaction, l'agroécologie est vouée à devenir la référence fondamentale de l'agriculture, le symbole d'une capacité nouvelle à gérer et enrichir les relations, à assumer la complexité du vivant.

Le climat et le réchauffement climatique sont au cœur de la restauration de relations équilibrées entre l'humanité et la biosphère. Longtemps, la rareté des sources disponibles d'énergie au niveau local a circonscrit l'économie. La révolution industrielle a permis à l'Occident de se bercer du fantasme des ressources inépuisables, puisant non plus dans les flux d'énergie – comme la biomasse, l'eau ou le bois de feu – mais en mobilisant à son service les stocks accumulés sur des millions d'années – charbon, pétrole et gaz. Le réchauffement climatique pose les limites non plus des sources d'énergie mais des émissions de gaz à effet de serre. La rareté s'impose à nouveau à nous mais sous une autre forme.

Les doctrines économiques

Comme le formulait Kenneth E. Boulding, dès 1973, « pour croire que l'on peut avoir une croissance infinie dans un système fini il faut être fou ou économiste ». Cinquante ans plus tard, la doctrine économique continue de méconnaître la finitude de la planète, d'esquiver toute idée de rareté et donc de rationnement. L'économie s'est voulue une science à part, coupée des sciences écologiques et sociales, comme si la sphère de la production et de la consommation était autonome, régie par ses lois propres, et non l'une des dimensions de la gestion de la société, une branche de la gouvernance.

Le rapport du GIEC d'avril 2022 souligne pour la première fois que la sauvegarde de l'humanité passe par la sobriété, par l'art de mobiliser toutes les ressources intellectuelles et techniques pour assurer le bien-être de tous les membres de la communauté dans le respect des limites planétaires. C'est exactement en ces termes que le botaniste Carl von Linné définissait, il y a quelque trois cents ans, « l'œconomie ». Son étymologie est transparente : les règles de gestion (*nomos*) de notre foyer commun (*oikos*) ! La redécouverte de l'œconomie – dans l'ignorance semble-t-il de ce glorieux antécédent – n'est pas un hasard. Être de nouveau conscients de la finitude de la biosphère implique le grand « retour en avant » vers l'œconomie : « retour », car nos défis ressemblent à ceux de l'humanité jusqu'à la révolution industrielle ; « en avant », car nous devons mettre au service de l'œconomie toutes les ressources de connaissances et de créativité dont nous sommes capables. La seule différence est d'échelle. Le « foyer » dont il était question à l'époque de Linné, c'était la famille ou la petite communauté ; les limites de l'environnement, celles du domaine familial ou du terroir ; c'est aujourd'hui la planète.

Nous avons voulu fonder l'efficacité sur la concurrence, sur une illusoire main invisible du marché, supposée profiter au bien commun par la poursuite par chacun de son intérêt personnel. Dans la finance, nous n'avons plus cherché à gérer nos risques par des rapports de confiance nés de relations durables entre prêteurs et emprunteurs mais par la possibilité au contraire de nous retirer à tout instant : la transaction sur des marchés « liquides » a remplacé la relation. Au sein des filières mondiales de production, nous avons entretenu longtemps la fiction de relations commerciales, dénuées de toute responsabilité réciproque, entre des milliers d'acteurs participant du processus de production. La loi de 2017 sur le « devoir de vigilance » a constitué une première tentative pour lever le « voile juridique » dissimulant la réalité des relations d'allégeance des sous-traitants et fournisseurs aux donneurs d'ordre. L'« ubérisation » de l'économie, substituant aux contrats de travail de simples contrats commerciaux entre agents économiques censément indépendants, a été le dernier avatar de cette foi dans la concurrence.

La seconde modernité reconnaît au contraire que c'est la coopération entre acteurs qui fonde la construction du bien commun, tant au sein des territoires qu'au sein des filières.

La gouvernance

À l'aube de la première modernité, un acteur a émergé parmi tous les autres: l'État – que l'on appelle « westphalien », car la doctrine en a été précisée lors du traité de Westphalie, qui a mis fin à la guerre de Trente Ans en 1648. À travers lui s'est forgée l'idée de nation, dont les intérêts seraient en concurrence avec ceux des autres nations. En affirmant la prééminence de l'État, on a fait des territoires, bassins de vie, et des villes des acteurs de seconde zone.

L'efficacité de l'action publique a été attendue de la segmentation des institutions et des politiques publiques. Il suffit de considérer l'organigramme d'un État ou d'une collectivité territoriale pour s'en convaincre. La décentralisation engagée en France en 1982-1983 n'a pas mis un terme à la conception monopoliste de l'État ni à l'approche sectorisée de l'action publique, tant s'en faut. La thèse qui a prévalu à l'époque a doté chaque niveau de collectivité de compétences exclusives, au détriment de la coopération entre différents niveaux de gouvernance. On espérait ainsi rendre l'action publique plus lisible. C'est l'inverse qui s'est produit, engendrant un mille-feuille administratif et politique toujours plus complexe.

Or, la gouvernance ne peut plus ignorer la réalité : aucun problème de la société ne peut désormais être traité à un seul niveau. Sa qualité découle non plus d'une répartition de compétences exclusives entre différents niveaux mais au contraire de la coopération qui s'organise entre eux : c'est la gouvernance « multi-niveaux », qui permet de combiner dans une société cohésion et diversité. Elle s'incarne dans le principe de « subsidiarité active », c'est-à-dire que les principes directeurs communs, garants de la cohésion, ne découlent pas d'un savoir émanant de l'État mais de la confrontation des expériences des territoires. À chacun d'eux de trouver, dans son contexte particulier, les réponses les mieux adaptées à ces principes directeurs.

Cette doctrine de la gouvernance, affirmée maintenant par l'Union européenne, est aussi la condition de son progrès. Depuis plusieurs décennies, l'Union ne parvient pas à se renforcer car cela impliquerait, pour les communautés nationales, une nouvelle perte de souveraineté. La mise en œuvre du principe de subsidiarité active change la donne : contrairement au marché unique qui a requis l'adoption de milliers de normes uniformes, les différents États membres et, en leur sein, les territoires, sont invités à répondre de façon différenciée, en fonction de leur contexte, à des principes directeurs communs élaborés ensemble. C'est le fondement d'une fédération européenne de nouvelle génération : une Europe unie mais riche de sa diversité.

La coopération entre niveaux de gouvernance doit s'accompagner d'une capacité nouvelle des institutions publiques à substituer à la traditionnelle approche en silo une approche systémique privilégiant la coopération entre les services publics d'une même collectivité. Et, au-delà même de cet effort de transversalité, le bien public doit être vu désormais comme le fruit d'une coconstruction associant des acteurs de toute nature.

En faisant de l'État le garant de l'intérêt général et de la souveraineté nationale la valeur suprême, l'État de la première modernité a transformé les relations internationales en relations interétatiques : ce que l'on appelle aujourd'hui « droit international » est en réalité lui-même un droit interétatique. Pour assumer les interdépendances entre les sociétés du monde, nous devons inventer aujourd'hui de nouvelles formes de relations pour faire émerger l'idée d'une commune destinée, d'une responsabilité solidaire à l'égard de notre bien commun. Le fonctionnement de ce que l'on appelle aujourd'hui la « communauté internationale », constituée d'États souverains, nous en éloigne. Nous avons besoin aujourd'hui d'une nouvelle forme de dialogue entre les peuples pour découvrir ensemble, au-delà des divisions et ressentiments hérités de l'histoire, ce qui les rapproche et les unit. La notion de famille humaine, autrefois philosophique ou religieuse, doit devenir une réalité vécue et un impératif politique.

La démocratie représentative est parfois présentée comme la seule forme de démocratie possible. C'est oublier le contexte de sa naissance, au XVIIIe siècle : lenteur des communications, faible taux d'alphabétisation, rareté des sources d'information, toutes choses qui rendaient indispensable la désignation de représentants au sein des différentes communautés. Le contexte aujourd'hui est radicalement différent. La coupure entre « gouvernants » et gouvernés », entre « administrateurs » et « administrés » ne correspond plus à la réalité ni aux aspirations des citoyens. Les communications sont immédiates, les sources d'information surabondantes. La société dispose de moyens d'échange impensables il y a encore cinquante ans. Ce qui fournit une des raisons à la crise démocratique que nous connaissons. En réaction, se sont multipliées, depuis quelques années, aux échelles locale, nationale, européenne, des tentatives de démocratie délibérative, fondées sur le tirage au sort et la recherche d'un dialogue approfondi entre des personnes reflétant la diversité de la société. Beaucoup de ces tentatives présentent des faiblesses : insuffisance des moyens et du temps consacrés à la formation et à la délibération ; mésinformation des membres du panel de citoyens ; mandats cloisonnés par des approches sectorielles ; processus de délibération trop linéaire ; organisation de panels à un seul niveau, privant du riche dialogue qui peut s'établir entre citoyens d'un même territoire. Il faut les voir comme les premières étapes d'un apprentissage collectif vers une nouvelle démocratie tendant à dépasser progressivement la coupure entre gouvernants et gouvernés.

L'ÉTHIQUE ET LES SYSTÈMES JURIDIQUES

Progressivement, les droits humains, individuels par nature, sont devenus la référence suprême. Difficile de nier ce que l'idée de dignité éminente de la personne nous a apporté. Mais cette affirmation exclusive des droits individuels a exacerbé l'individualisme, la société devenant le champ d'une concurrence entre les droits des uns et des autres. C'est oublier que toute communauté repose sur le fait que chacun de ses membres est comptable de l'impact de son action sur les autres membres de la communauté, donc sur un équilibre entre droits et responsabilités. Cela vaut au niveau d'un territoire comme au niveau mondial, où la reconnaissance de ce qui nous unit suppose celle de valeurs communes à toute la famille humaine, sur lesquelles fonder un droit mondial, inexistant actuellement mais indispensable pour gérer ensemble les biens communs mondiaux. Au lendemain de la Seconde Guerre mondiale, les sociétés occidentales ont obtenu que les droits humains soient reconnus comme valeur universelle – ce qu'ils ne sont pas : l'idée d'une prééminence de l'individu sur la communauté n'est pas partagée par toutes les sociétés et le concept de droits humains n'a pas de traduction dans de nombreuses langues. La valeur commune à toutes les sociétés, c'est la responsabilité, valeur relationnelle par excellence car responsabilité et communauté sont les deux faces de la même monnaie.

Le bonheur

La coupure de la première modernité, entre émotion et raison, se manifeste au niveau des individus eux-mêmes. Le neurologue Antonio Damasio a montré que la raison, dès lors qu'elle se privait de l'émotion, perdait littéralement la tête.

Or la pensée moderne a voulu en faire des univers disjoints. Nous devons les considérer au contraire l'une et l'autre comme les deux jambes indispensables de l'action humaine, cesser de marginaliser nos émotions en y voyant la survivance de sociétés primitives.

C'est le même réductionnisme qui a poussé nos doctrines économiques à ne voir la prospérité et le bonheur que comme le résultat de consommations matérielles individuelles, marginalisant tout ce que nous devons aux relations aux autres, au monde, à la nature. En d'autres termes, selon ce réductionnisme, le bien est plus important que le lien. Le produit intérieur brut, qui demeure la référence omniprésente de notre prospérité et de notre développement, n'est que la traduction chiffrée de ce réductionnisme.

Une réaction s'est amorcée. Ce sont les notions mêmes de bonheur et de développement, c'est l'imaginaire de nos sociétés qu'il convient de faire évoluer de façon que la sobriété ne soit plus associée à la pauvreté et au manque mais au contraire à la cohérence personnelle entre convictions et conduites, à la justice. L'aspiration à ne plus dissocier convictions personnelles et profession, recherche de sens et statut social, va croissant ; on le voit chez les jeunes.

La cohésion sociale

Corollaire de la prééminence des droits individuels, l'État-providence, sur la base d'un droit à l'aide publique, s'élabore dans une relation directe avec les citoyens. Si une telle approche a su, de fait, réduire les inégalités, elle est finalement contre-productive car elle souligne les manques, les handicaps, plutôt que de valoriser les atouts de chacun, et ne contribue pas à renforcer les liens sociaux qui sont essentiels à la sortie des exclusions de toute nature. C'est pourquoi l'augmentation continue de la part des transferts dans la richesse nationale, au nom et au service de la solidarité entre citoyens, n'empêche nullement le délitement de la cohésion sociale. Car la cohésion est d'une autre nature, et repose sur l'intensité des relations. Au nom du droit à la dignité et avec le souvenir négatif laissé par la « mise au travail des pauvres » au XIXe siècle, on voit fleurir les projets de revenu d'existence inconditionnel. Louables intentions, certes, mais qui cantonnent les personnes à leur statut de consommateur, là où il conviendrait de promouvoir des relations humaines. C'est à l'échelle des territoires que l'on peut, dans la seconde modernité, offrir à chacun une place pour contribuer à la société, organiser la coopération entre acteurs pour ne laisser personne de côté : pactes locaux de lutte contre l'exclusion, territoires « zéro chômeur », revenu de transition écologique... autant d'illustrations de l'effort à fournir pour redéfinir la cohésion sociale. Le développement des relations entre générations va dans le même sens.

Osons les territoires !

Les territoires sont appelés à jouer un rôle décisif dans la transition

Territoires et filières, les acteurs pivot du XXIe siècle

Pour retisser des relations, l'émergence de la seconde modernité ne suppose pas seulement de renouveler des systèmes de pensée et des systèmes institutionnels mais aussi des systèmes d'acteurs. Dans toute société, on peut parler d'« acteurs pivot » : sans être nécessairement les plus puissants, ils structurent l'ensemble de la société. Les acteurs pivot de la première modernité ont été l'État, pour organiser la société politique, et la grande entreprise, pour structurer le système économique. Ceux de la seconde modernité seront ceux qui sont les mieux à même d'organiser les relations. Deux d'entre eux émergent : les territoires et les filières. Les territoires sont à entendre non comme des entités administratives et politiques, mais comme des communautés humaines partageant le même bassin de vie. Ils sont le siège de multiples interactions au sein d'un écosystème d'acteurs, capables de relier économie, société et environnement, comme de faciliter les relations entre les personnes et les groupes sociaux, d'organiser les coopérations entre différents types d'acteurs autour d'un projet commun. Les filières internationales de production organisent, quant à elles, les relations entre la myriade d'acteurs économiques. Les uns et les autres ne sont pas des institutions au sens classique du terme, mais des « agencements institutionnels », des acteurs collectifs à construire pour organiser les relations en leur sein.

Les territoires étaient devenus, dans un pays jacobin comme la France, des acteurs économiques et politiques de seconde zone, de simples points d'application de politiques nationales, traversés par les grandes mutations de la mondialisation dont le contrôle leur échappait. La formule popularisée par le Sommet de la Terre de 1992, « penser globalement, agir localement », assignait implicitement les territoires à la mise en œuvre d'une pensée élaborée ailleurs. Or, cela s'est révélé doublement erroné. D'abord, parce qu'une dynamique de mise en mouvement de la société suppose une interaction permanente entre la pensée et l'action, entre vision d'ensemble sur le long terme et initiatives concrètes qui se nourrissent mutuellement ; ensuite, parce qu'on ne peut penser de manière systémique qu'à partir des lieux où les interactions entre les questions soulevées, entre les acteurs, entre l'humanité et la biosphère, prennent une forme concrète.

Éducation, économie, gouvernance, renouveau de la démocratie, émergence de nouvelles formes de bonheur, recréation de la cohésion sociale... autant de domaines qui, à l'aune de la boussole de la seconde modernité, font apparaître à chaque instant le rôle nouveau des territoires. En France, où pourtant tout semble procéder de l'État, lequel contrôle l'essentiel des ressources financières et intellectuelles, dispose d'un quasi-monopole de l'édiction des normes et conçoit le processus d'innovation comme une expérimentation généralisée ensuite de façon uniforme, on constate d'ores et déjà que les territoires fourmillent d'initiatives novatrices pour relever le défi de la transition. Parce que cette dernière suppose que la société s'enracine dans son passé et valorise les valeurs et savoir-faire dont elle hérite pour penser l'avenir, et ce, avec toute la population et tous les acteurs, cette mise en mouvement de la société ne peut procéder par des injonctions venues d'en haut.

La transition, qui suppose de « faire plus avec moins », d'assurer plus de bien-être collectif avec un moindre appel aux biens matériels et aux ressources naturelles, va certes s'adosser à des technologies de rupture, comme dans le domaine des énergies renouvelables, mais plus encore à une réflexion collective, à l'évolution des modes de vie, à un nouvel imaginaire : la sobriété choisie plutôt que l'austérité subie. Et c'est au niveau des territoires que tout cela peut naître et s'épanouir.

Faire des territoires un acteur collectif de la transition

Transformer l'écosystème des acteurs locaux en un véritable acteur collectif portant une vision commune, capable de transformer les handicaps en défis à relever et les atouts en opportunités à saisir, est une aventure de longue haleine que jamais aucune procédure définie au niveau national ne sera capable de provoquer.

Faire émerger un acteur collectif passe par : une entrée en intelligibilité, par laquelle les différents acteurs apportent chacun leur part de compréhension, confrontent leurs idées, font sauter ensemble le verrou des évidences héritées, pour construire une vision commune de l'avenir ; une entrée en dialogue où se reconnaissent les intérêts des acteurs et se cherchent des synergies entre eux ; une entrée en projet qui traduit en actions les perspectives ouvertes en commun et renforce la capacité d'agir en développant un véritable art de la marche. C'est un processus social, la création progressive d'un capital immatériel, l'art de construire collectivement des réponses à des défis nouveaux, un investissement au sens le plus fort du terme, qui pourra se mobiliser plus tard au service d'autres défis, et fera de la coopération et du respect mutuel qu'elle implique une seconde nature.

Par le biais d'une multitude d'apprentissages concrets – l'association directe des citoyens à la définition et à la mise en œuvre des politiques, la coconstruction de projets par des acteurs de nature différente, l'économie sociale et solidaire, le développement des communs, l'économie de la fonctionnalité, l'écologie industrielle, le développement de circuits courts, les pactes locaux de lutte contre l'exclusion, les coopératives de production d'énergie renouvelable, la coopération volontaire entre établissements publics de coopération intercommunale, l'apprentissage de la coresponsabilité à travers une éducation initiale, permanente et renouvelée où réflexion et action se nourrissent mutuellement –, la coopération se révèle source de plaisir, fait émerger une nouvelle norme sociale se substituant progressivement au stimulant de la compétition et de la consommation.

Comme on le constate aujourd'hui à propos des dérèglements climatiques, la peur de l'avenir, l'inquiétude face à une catastrophe qui se prépare ne suffisent pas à mettre en mouvement la société ; elles peuvent au contraire déboucher sur la recherche de boucs émissaires, la dénégation ou le repli. C'est à l'échelle des territoires que ces inquiétudes peuvent surmonter la sidération et le sentiment d'impuissance pour déboucher sur une volonté d'agir ensemble grâce à un projet mobilisateur, désirable parce qu'il donne un sens partagé.

On ne renonce jamais à une situation connue, quand bien même celle-ci serait insoutenable dans la durée, sans une perspective d'avenir commune et la certitude que les efforts seront équitablement partagés. Les indispensables changements de mode de vie ne s'imposeront pas au forceps, de l'extérieur, par la multiplication des obligations et des interdictions. Ils appellent une adhésion profonde de l'ensemble de la population. Ils ne pourront aller qu'avec un accroissement des espaces de liberté et non leur restriction, avec la certitude d'efforts partagés, de justice sociale et des transformations collectives matérialisées par des politiques publiques. Penser autrement, vivre autrement, faire autrement : le triptyque s'applique aux individus comme à la collectivité.

La « mise en récit » devient alors un effort collectif pour créer du sens : mettre en mots d'où l'on vient, avec de profondes racines dans l'histoire de la communauté, et où on veut aller, avec un projet à long terme partagé par tous. Elle répond au besoin profond des personnes de sortir de l'incohérence vécue aujourd'hui de manière douloureuse, tandis que se creuse l'écart entre ce qu'elles croient et ce qu'elles sont amenées à faire. C'est bien à l'échelle des territoires que la société peut se mettre en mouvement.

Alors oui, décidément, osons les territoires! Faisons de cette révolution copernicienne de la gouvernance, accordant une place centrale à ces territoires qui n'étaient considérés que comme des satellites de l'État, une grande ambition de la législature qui s'ouvre.

Mais une hirondelle ne fait pas le printemps. Que certaines sociétés locales se soient mises en mouvement ne doit pas masquer l'ampleur des transformations à mettre en œuvre pour que cette potentialité des territoires se transforme en une réalité. Il faudra, pour changer qualitativement et quantitativement d'échelle, et se mettre à la hauteur des transformations radicales qu'appellent les impasses de notre modèle actuel de développement, surmonter bien des obstacles. Ils sont de trois natures. Les premiers sont propres aux territoires eux-mêmes et au fonctionnement des collectivités locales, dont beaucoup sont encore loin de disposer de la volonté et des capacités nécessaires. Les seconds concernent les relations entre l'État et les territoires, qui appellent une véritable révolution culturelle et institutionnelle. Les troisièmes découlent des politiques nationales et européennes, en particulier en matière de gestion des émissions de gaz à effet de serre, véritable plafond de verre qui, s'il n'est pas brisé, empêche les initiatives territoriales d'être à l'échelle des mutations à conduire. Identifier puis lever ces obstacles : n'est-ce pas l'essence même de l'action politique ?

Surmonter les obstacles internes aux territoires

On ne passe pas du jour au lendemain du statut d'acteur subordonné à l'État à celui d'éclaireur de la transition. D'autant que la dépendance financière et réglementaire subsiste. Les collectivités territoriales restent marquées par un triple cloisonnement : entre les politiques publiques locales ; entre les acteurs ; entre les niveaux de gouvernance. Il faut les aider à les surmonter.

Renforcer les ressources humaines, créer des agences œconomiques territoriales

La priorité concerne les ressources humaines dont disposent les territoires pour élaborer et conduire une stratégie de transition. C'est là moins une question de nombre de fonctionnaires que de profil. La multiplication des structures administratives et politiques, au gré des lois successives sur la décentralisation, a engendré une inflation du nombre de fonctionnaires locaux, mais avec de nombreux doublons et des modes de sélection et de formation permanente qui ne les préparent pas aux nouveaux enjeux. La décentralisation n'ayant pas privilégié l'échelon des bassins de vie, on n'a pas formé d'équipes de techniciens militants, bien insérés dans la structure de décision des collectivités, qui constituent pourtant un levier décisif de changement. La transversalité des politiques relève encore trop souvent du registre de l'incantation, se heurtant à la réalité des organigrammes et de la répartition des pouvoirs.

En outre, on ne se soucie pas assez de mobiliser et stimuler les formidables gisements d'énergie et de compétence citoyenne qui existent au sein même des territoires. Pensons par exemple aux retraités, de plus en plus nombreux et qualifiés, renvoyés au statut de simples consommateurs de loisirs et de soins de santé, alors qu'ils peuvent apporter une force de travail bénévole et leur expérience au service de la transition. L'idée d'une alliance des générations pour le climat va dans ce sens, en suscitant des partenariats locaux entre la génération qui a pleinement profité de la société de consommation et celle qui s'apprête à en subir les conséquences.

Dans les années 1950 et 1960, l'État, confronté à l'inadaptation des structures politiques locales en vue d'une urbanisation rapide, a su constituer de telles équipes de techniciens militants, en cofinançant des agences d'urbanisme. D'où cette proposition : que l'État cofinance avec les collectivités des agences œconomiques territoriales – AOT – appelées à devenir l'appui technique des collectivités dans la conduite de la transition. Elles pourront être des créations nouvelles ou prolonger les compétences et vocations d'institutions existantes.

Leur première vocation sera de documenter le métabolisme des territoires, de mesurer l'empreinte écologique de la société, de mettre en débat au sein de la société les différentes dimensions de cette empreinte. Car, dans une économie où tous les échanges sont monétaires, un territoire aujourd'hui connaît beaucoup moins bien son métabolisme que le dernier village d'autrefois, dont la survie dépendait de la bonne gestion des flux d'énergie, de l'entretien de la fertilité des sols, du maintien des ressources en eau, de la cohésion sociale. Pour la même raison, les citoyens et les collectivités connaissent mal leur empreinte écologique, car les émissions de gaz à effet de serre liées à leur mode de vie sont à 80 % extérieures au territoire. À partir de là, les AOT seront déterminantes quand il s'agira d'impulser des projets transversaux aux structures publiques, de donner accès à l'expérience extérieure, de mobiliser l'épargne locale.

Le coût de ces AOT devra relever des dépenses d'investissement des collectivités locales pour sortir de l'anomalie qui fait des ressources humaines permanentes, nécessaires pour accumuler l'expérience, une dépense de fonctionnement, tandis que le financement d'une ingénierie extérieure, liée à la mise au point d'un projet particulier et qui ne dotera pas la collectivité d'un savoir-faire durable, entre dans les dépenses d'investissement.

Mobiliser au service de chaque territoire le meilleur de l'expérience nationale et internationale

Le principe de subsidiarité active suppose que chaque territoire puisse bénéficier du meilleur de l'expérience nationale ou internationale et des principes directeurs qui s'en dégagent. Ce n'est pas le cas aujourd'hui. Les réseaux de collectivités ou de la société civile sont nombreux, suscitent d'innombrables colloques, occasions d'échange d'expérience entre leurs membres mais la mutualisation entre ces différents réseaux est l'exception plus que la règle. Les expériences sont insuffisamment documentées, souffrent de la confusion entre communication promotionnelle et réflexion critique. Le travail de capitalisation de l'expérience, pour en tirer des principes directeurs communs, fait généralement défaut. Le classement des expériences, quand la documentation existe, est presque toujours thématique, loin d'une approche systémique : comment parler de « changement systémique » sans se représenter les liens entre les éléments du système ?

C'est tout l'intérêt d'une association comme CITEGO – Cités, territoires, gouvernance – qui mutualise les expériences recueillies par une trentaine de réseaux français ou non et dont l'indexation permet de visualiser ces liens : gérer la complexité suppose au préalable de se la représenter. Il faut pérenniser et amplifier cette démarche. Les agences publiques nationales disposent d'une expertise spécialisée adaptée à des projets sectoriels mais pas à la transition systémique à concevoir. Le réseau national des AOT serait, comme producteur et comme utilisateur de l'information, un partenaire décisif de la circulation de l'expérience.

Développer les échanges entre pairs, créer de véritables communautés apprenantes

Dans le partage et la capitalisation d'expériences, l'écrit est indispensable mais insuffisant. Il doit se doubler d'échanges entre pairs, de la découverte des innovations dans leur contexte, du partage vivant avec des pairs. C'est l'intuition et l'une des raisons d'être de la Fabrique des transitions, large alliance de collectivités, de consultants, d'universitaires réunis autour de la conviction que les territoires ont un rôle central à jouer dans la transition. Ces échanges prennent plusieurs formes complémentaires : des voyages apprenants, source d'inspiration, permettant de replacer des expériences innovantes dans leur contexte d'ensemble ; des « cohortes » de territoires entreprenant ensemble leur transformation ; des partages méthodologiques, encourageant des échanges parallèles entre élus, entre agents des collectivités, entre acteurs de la société, entre représentants territoriaux de l'État, ce qui permet à chaque catégorie d'acteurs de parler sans réticence de ses propres défis au sein des territoires.

Développer une formation « multi-acteurs » à la gouvernance territoriale et une ingénierie de la mise en mouvement

La formation permanente des acteurs des territoires est aujourd'hui mal adaptée à l'enjeu de mise en mouvement de la société. Celle des élus est très limitée et suppose une réflexion spécifique. Celle des agents des collectivités locales reste statutairement orientée vers la promotion interne plutôt que vers le développement de cette nouvelle ambition. Il faut mettre en place, à destination de chacune des catégories d'acteurs, des cycles pluriannuels de formation permettant d'associer un nouveau cadre de pensée à la mise en place de projets coopératifs.

Repenser l'ingénierie à disposition des territoires

L'État parle beaucoup d'ingénierie et dispose, par le truchement d'agences comme l'ADEME, l'ANCT, le CEREMA, par exemple, de compétences indéniables en ingénierie technique mises au service des collectivités, mais ce, dans une logique de programmes sectoriels selon une logique descendante typique de l'État. Et, quand ce dernier apporte un soutien financier à l'ingénierie des collectivités, c'est en général... pour les rendre capables d'inscrire leurs projets dans la logique de l'État ou de l'Europe, condition d'obtention des financements. C'est donc le reflet de la complexité d'accès à ces financements plus que celui des projets à concevoir ! Ce dont les territoires ont besoin aujourd'hui c'est d'une tout autre ingénierie : une ingénierie de la mise en mouvement, une ingénierie de l'approche systémique, en un mot une ingénierie sociétale qui fasse appel à des compétences externes à chaque territoire, tout en ayant vocation à les doter en interne, notamment grâce à la mise en place des AOT, de compétences pérennes.

Transformer en profondeur les relations entre État et territoires

La révolution copernicienne des relations entre État et collectivités territoriales

Les compétences, notamment législatives et réglementaires, ainsi que les moyens financiers des régions françaises sont infiniment plus faibles que chez nos voisins allemands, suisses, italiens ou espagnols. La part de la fiscalité directe des collectivités dans l'ensemble de la masse fiscale, déjà particulièrement faible en France, a encore diminué avec la suppression de la taxe d'habitation, qui représentait le quart des ressources directes. Les budgets d'investissement sont fortement dépendants, financièrement – stratégiquement, donc – des subventions nationales ou européennes, consacrées à des projets sectoriels. Autant de formes de subordination des territoires à l'État et de freins à l'émergence de réelles stratégies territoriales de transition.

Ce ne sont pas les velléités nationales de pousser les territoires à élaborer des stratégies à long terme qui font défaut, mais la cohérence de ces démarches. Exemple : les contrats de relance et de transition écologique – CRTE – lancés en 2020. Pétris d'excellentes intentions – unifier la contractualisation entre État et collectivités autour de stratégies définies localement et à long terme à l'échelle des bassins de vie –, ils portaient en eux-mêmes leurs contradictions en demandant aux collectivités de se regrouper à l'échelle des bassins de vie (sous l'égide des préfets...), de présenter leur stratégie dans les six mois et, qui plus est, de faire coïncider cette stratégie avec le plan de relance nationale qui énonçait d'avance ce qui était éligible à son financement !

Dès les débats sur la décentralisation, en 1982, on savait qu'elle ne serait effective qu'en créant des pouvoirs locaux forts, à l'échelle des bassins de vie, dotés d'une fiscalité directe robuste. Les promoteurs de la décentralisation de l'époque ont jugé cette perspective politiquement irréaliste et ont préféré miser sur les niveaux traditionnels du pouvoir : la commune et le département. De surcroît, ils en sont restés à une conception dépassée des compétences exclusives de chaque niveau de gouvernance et ont même exclu toute « tutelle » d'un niveau de collectivité sur un autre, révélant l'ambivalence radicale de ses promoteurs à l'égard des pouvoirs locaux.

Au moment où la lutte contre le changement climatique devient une priorité reconnue de la nouvelle mandature, on retrouve le même réflexe centralisateur : la cohérence est recherchée au niveau national, en renforçant les dispositifs de coordination entre ministères, sans comprendre qu'elle se joue avant tout à l'échelle des territoires. Or, une telle échelle est aujourd'hui contrariée soit par l'absence de capacités humaines, financières et réglementaires, soit par les injonctions contradictoires de l'État. Après des décennies de discours sur l'« État stratège », il serait temps de passer à l'acte par le biais d'une nouvelle et courageuse étape de la décentralisation. L'État se concentrerait ainsi sur son rôle d'animation générale, de mise en place de régimes de gouvernance cohérents avec la nature des défis à relever et de redistribution entre régions riches et pauvres.

Une telle révolution copernicienne devra se doubler d'une révolution culturelle de l'État lui-même pour passer de l'approche paternaliste qui prévaut aujourd'hui à une démarche partenariale. Il faudra que la formation des fonctionnaires d'État comporte un tronc commun consacré aux défis actuels de nos sociétés, à la boussole de la seconde modernité, à la gouvernance à multi-niveaux. La réforme de la fonction publique d'État, déjà entreprise, veut promouvoir une plus grande diversité des profils et des parcours. Une de ses composantes devrait être le passage fréquent, voire obligatoire, entre fonction publique d'État et fonction publique territoriale. Paradoxe de la décentralisation : elle a conduit les fonctionnaires d'État à désinvestir des territoires, en repliant l'expertise et les responsabilités soit dans les capitales régionales soit dans des agences techniques nationales ayant nécessairement une approche sectorielle.

Faire de la gouvernance à multi-niveaux le principe fondamental de la gouvernance en France

Certaines politiques resteront sans doute de compétence nationale – comme la santé, l'éducation, la cohésion sociale ou l'agriculture. Mais cela ne change rien à la nécessité d'en renouveler le mode d'élaboration et de mise en œuvre afin de s'adapter aux réalités de chaque contexte : les principes de la gouvernance à multi-niveaux doivent tout aussi bien s'appliquer aux politiques nationales, pour que les administrations d'État s'ancrent à nouveau dans les bassins de vie et rompent avec une approche uniforme et descendante.

Trois exemples de décentralisation

La révolution copernicienne de la gouvernance s'applique tout particulièrement à ces trois politiques, déjà évoquées comme points d'application de la seconde boussole.

C'est à l'échelle des territoires que l'éducation peut s'enraciner dans la réalité concrète des sociétés. Et cet enracinement permet alors un apprentissage de la complexité (c'est avec des projets collectifs que différentes disciplines scolaires contribuent de façon évidente à la compréhension du monde) ; une interaction permanente entre action et réflexion, dont on sait l'importance dans les apprentissages ; l'apprentissage de la coopération et de la joie qu'elle procure, à rebours de l'esprit de compétition régnant aujourd'hui ; l'articulation entre la formation et les besoins actuels et futurs de l'économie et de la société et la conduite de la transition (dont on sait qu'elle provoquera une transformation profonde des métiers).

C'est à l'échelle des territoires et en application des principes de gouvernance à multi-niveaux et de subsidiarité active que l'on peut promouvoir des systèmes agroalimentaires durables et décliner la politique agricole commune européenne – notamment la transition vers l'agroécologie, l'évolution des habitudes alimentaires, la promotion de relations nouvelles entre villes et campagnes, une gestion globale du foncier.

C'est à l'échelle des territoires, enfin, que la politique de cohésion sociale peut être totalement refondue. Elle permet de réaffecter localement les moyens financiers visant à réduire les inégalités, à faire face au chômage, à faciliter le retour à l'emploi, marchand ou non, à compenser les handicaps individuels, à réduire les inégalités d'accès aux services publics, et ce, par la mise en œuvre de pactes territoriaux de cohésion sociale impliquant tous les acteurs, à commencer par les bénéficiaires eux-mêmes, dans l'esprit de nouvelles formes de solidarité et d'un équilibre entre droits et responsabilités de chacun.

Dans ces trois cas, il n'est pas question de renoncer à tout objectif national au profit de politiques locales, mais au contraire de définir ensemble des principes directeurs communs, tirés du meilleur de l'expérience nationale et internationale, pour inviter ensuite les territoires à les décliner chacun dans son contexte particulier.

Territoires et diplomatie des peuples

Les jumelages entre les villes – qu'on a nommés également « diplomatie des peuples » – sont partis, au lendemain de la Seconde Guerre mondiale, d'une intuition fondamentale : les États sont impuissants à dépasser les malentendus, les préjugés, les ressentiments hérités de l'histoire ; seuls des échanges interpersonnels le permettent, et les territoires sont les mieux à même de les organiser. Il est vrai qu'avec le temps les jumelages ont versé dans la routine. Mais on peut leur donner un nouveau souffle, en lien avec le développement de la démocratie délibérative – par exemple, sous la forme de panels de citoyens tenus en parallèle sur la manière de relever les défis du siècle puis avec un partage entre ces panels, à l'échelle européenne ou intercontinentale. Car, comme le disait le grand historien burkinabé Joseph Ki Zerbo : « Donnez-leur une tour à construire et vous en ferez des frères. »

Faire évoluer les politiques nationales et européennes : l'exemple du climat

Des mises en garde ritualisées qui n'ont plus d'effet

Février 2022, avril 2022. Les rapports du GIEC tombent avec une régularité de métronome. D'année en année, ils racontent tous la même chose, à peu de chose près : jusqu'à présent, la lutte contre le réchauffement climatique a été inefficace (les émissions mondiales de gaz à effet de serre ont augmenté de 54 % depuis que les négociations internationales visant à les réduire ont commencé, en 1990). Nous nous rapprochons du mur. Au rythme actuel, il est probable que le réchauffement climatique aura déjà atteint en 2030 1,5 °C, soit l'objectif de limitation du réchauffement d'ici 2100 adopté par l'accord de Paris en 2015. Mais, ajoutent les rapports selon un rituel immuable : il est encore possible d'agir à condition d'engager des changements radicaux dans un proche avenir. Sans jamais préciser quels sont les leviers à utiliser pour provoquer si rapidement les changements que l'on n'a pas su engager depuis plusieurs décennies.

Pourquoi, depuis trente ans, la politique de lutte contre le réchauffement climatique a-t-elle été inefficace ?

Contribuer à sauver le climat est aujourd'hui la pierre de touche de la crédibilité politique. Les jeunes défilent avec le slogan : « Changeons le système, pas le climat ! » Une seule certitude partagée, il faudra des transformations radicales. Pour les imaginer, nous devons partir des causes de l'inefficacité de la lutte au cours des trente dernières années. Elles sont au nombre de trois : l'irresponsabilité des gouvernants ; la nature des négociations internationales ; les œillères de la doctrine économique.

Irresponsabilité des responsables politiques et économiques

Depuis trente ans, on a rituellement fixé, pour la réduction des gaz à effet de serre, des horizons suffisamment lointains : dix, vingt ou trente ans, pour que personne ne puisse être tenu ni politiquement ni juridiquement responsable du fait que ces objectifs n'étaient pas atteints. Seule une obligation de résultat annuel, définie par un pourcentage de réduction des émissions, peut instaurer cette responsabilité.

Nature des négociations internationales

La souveraineté des États conduit chacun d'eux à ne traiter les émissions de gaz à effet de serre qu'à l'aune de leur propre territoire, et ne portent les engagements nationaux que sur ces émissions. Pourtant, la responsabilité d'une société à l'égard du climat concerne son empreinte écologique totale, où que se produisent les émissions. Le Haut Conseil pour le climat estime que la moitié de notre empreinte résulte d'émissions hors de l'Hexagone. En outre, ne parler dans les négociations que des émissions sur le territoire a un autre effet : pousser à des politiques par secteur d'activités au lieu de rechercher un levier global.

Œillères de la doctrine économique

Les économistes classiques ne connaissent qu'une seule réponse : augmenter le prix du bien pour en réduire la demande, en taxant l'énergie fossile. Cette approche ne peut aboutir car les dépenses énergétiques progressent bien plus lentement que les revenus quand on passe des ménages les plus pauvres aux plus riches : la taxation de l'énergie fossile est un impôt régressif sur le revenu ; elle est socialement injuste et, partant, inacceptable par la population.

Changer de méthode

Assumer le rationnement de l'énergie fossile et répartir équitablement la rareté par des quotas individuels

Il faut donc adopter une tout autre approche. Les engagements internationaux pris par la France nous conduisent à diviser par cinq notre empreinte écologique d'ici 2050, pour passer d'environ 10 tonnes équivalent CO_2 par personne et par an actuellement à 2 tonnes en 2050, soit une réduction de nos émissions de 6 % par an. Ce plafonnement des émissions a un nom : le rationnement. Dès lors qu'il y a rareté d'un bien nécessaire à tous, comme le fut l'alimentation pendant la guerre, comme l'est aujourd'hui l'énergie, la question centrale du rationnement est toujours celle de la répartition de cette rareté. Et, s'agissant d'un bien de première nécessité, la seule mesure équitable socialement est celle de la répartition égale pour tous : une part à chaque adulte, une demi-part aux enfants de moins de 18 ans. Le levier d'une stratégie globale de lutte contre le réchauffement climatique est donc d'allouer à chacun des quotas individuels libellés en « points carbone » – les kilos équivalent CO_2 des émissions de gaz à effet de serre liées à notre mode de vie – et de réduire ce quota de 6 % par an. Ce qui implique une obligation annuelle de résultat susceptible d'engager non plus seulement la responsabilité, abstraite, de l'État, mais aussi celle, très concrète, de ses gouvernants.

La traçabilité des émissions de gaz à effet de serre est incontournable

Toute obligation de résultat portant sur notre empreinte écologique implique la traçabilité des émissions de gaz à effet de serre tout au long du processus de production, de distribution et de recyclage. Aujourd'hui, cette traçabilité n'est connue que par des moyennes, déduites des échanges entre les différents secteurs économiques. Connaissance insuffisante puisque l'objectif est de réduire l'empreinte de chaque filière et que les écarts, pour un produit donné, sont considérables : pour la viande selon le mode d'élevage, pour les produits métalliques selon le taux de recyclage, etc. Si cette traçabilité nous paraît difficile à mettre en œuvre, c'est parce qu'elle n'a pas été obligatoire jusqu'à présent. Ici, le parallèle avec la TVA s'impose. Ce n'est pas parce que l'addition des valeurs ajoutées tout le long du processus de production était facile que l'on a instauré cette taxe ; c'est au contraire parce qu'il y a une taxe que le suivi de la valeur ajoutée tout le long du processus de production est devenu facile. D'ores et déjà, des technologies comme les blockchains, avec un protocole de sécurité peu coûteux en énergie, sont adaptées à cette traçabilité. D'autres émergeront dès qu'elle sera obligatoire.

Les quotas individuels mettent les citoyens aux commandes

Bien qu'ainsi aux commandes, les citoyens ne sont pas pour autant abandonnés à eux-mêmes, assumant des responsabilités relevant des États ou des grands acteurs économiques. Le fait d'avoir à dépenser des points carbone équivalents à l'empreinte écologique pour chaque produit ou service, y compris pour le paiement des impôts, va engendrer des investissements publics et privés de toute nature qui se sont détournés jusqu'à présent de la transition climatique faute de rentabilité.

Les quotas n'iront qu'aux personnes. Les entreprises devront seulement imputer à leurs clients tout le carbone entrant dans leur activité et leur production, dans un registre carbone aussi logique que la comptabilité. Sans être poussées par l'État à faire évoluer leurs filières de production, elles le seront rapidement par leurs clients et leurs fournisseurs.

Ces quotas individuels sont gage de liberté. Le but, c'est la réduction annuelle des émissions, pas d'imposer que tous fassent les mêmes choix de vie. Ceux qui fournissent un effort particulier de sobriété pourront donc vendre leurs points carbone excédentaires à ceux qui refusent d'évoluer aussi vite. Avec les quotas individuels dont le plafond s'abaisse chaque année, la pression sera considérable en faveur de l'isolation thermique des logements ou d'autres modes d'organisation des déplacements.

Les quotas sont une application de la gouvernance à multi-niveaux

Du fait du marché unique, l'idéal serait d'instaurer le système des quotas au niveau de l'Union européenne, chaque pays partant d'un plafond correspondant à son empreinte écologique actuelle pour aboutir en 2050 à la même valeur, 2 tonnes d'équivalent CO_2. L'unanimité des États membres n'est pas une condition à la mise en place du système, si tant est qu'ils adoptent cette même obligation annuelle de résultat pour tous.

Le niveau territorial est essentiel. C'est au niveau des territoires qu'il faudra évaluer, pour commencer, l'empreinte écologique de la société ; c'est à ce niveau que se combineront les responsabilités des citoyens eu égard à leur choix ainsi que celles des collectivités publiques, créant ainsi les conditions pour un changement de mode de vie. Les territoires seront le niveau premier d'échange de quotas. Ce mécanisme est le levier qui manquait jusqu'à présent aux territoires pour devenir des moteurs de la transition. Ils susciteront une réflexion d'ensemble de leurs citoyens sur les modes de vie, une évolution probablement radicale de l'empreinte des services publics, ils provoqueront une négociation avec les grands de la distribution pour choisir des filières vertueuses, provoquant un effet en chaîne sur le système de production lui-même. La prévisibilité de la réduction annuelle des quotas permettra de conduire la transformation de l'habitat, de la mobilité, qui s'imposera d'elle-même.

La lutte contre le réchauffement climatique illustre le plafond de verre de l'action territoriale. Les conditions ne sont pas réunies aujourd'hui pour que les investissements visant à réduire les émissions de gaz à effet de serre soient rentables. La dépendance actuelle des investissements locaux à l'égard de financements publics français ou européens a des conséquences considérables sur l'action territoriale, car les coûts de transaction pour l'accès à ces financements sont énormes. Avec le dispositif des quotas individuels, on disposera d'un formidable effet de levier pour réorienter l'épargne.

Les quotas introduisent deux transformations fondamentales dans la doctrine économique

Ces quotas montrent la nécessité d'inventer des régimes de gouvernance adaptés à la nature des biens et des services. Le climat, par le biais des émissions de gaz à effet de serre, correspond à une catégorie particulière de biens et services : ceux qui se divisent en se partageant (comme les litres d'essence ou les mètres cubes de gaz), mais sont en quantité finie du fait que les émissions, elles, doivent être en quantité finie. De nombreux autres biens et services essentiels rentrent dans cette même catégorie : l'eau et la terre, par exemple. L'innovation introduite pour la lutte contre le réchauffement climatique procède de cette approche renouvelée des régimes de gouvernance des biens et des services de ce type et concerne très directement les territoires.

Ils permettent enfin de découpler la perspective d'accroissement du bien-être de tous et des émissions de gaz à effet de serre, en faisant des points carbone une monnaie à part entière. On utilise jusqu'à présent la même monnaie pour ce qui est à développer – la créativité, l'échange, le travail – et ce qu'il faut économiser – les ressources naturelles. Or, c'est comme avoir un véhicule dont l'accélérateur et le frein sont une seule et même pédale. En ayant à débourser des points carbone pour assumer notre empreinte écologique nous créons enfin la deuxième pédale.

Conclusion

De l'échelle des territoires à celle des civilisations, il y a des sociétés qui font d'une crise une opportunité et d'autres qui la subissent et sombrent pour n'avoir pas su renouveler à temps leur mode de pensée et leur gouvernance. Faisons partie des premières, et pour ce faire, tirons tout le bénéfice des signaux d'avant-garde des territoires qui ont déjà osé. À notre tour, osons la seconde modernité, osons les territoires !

Pierre Calame et l'ensemble des membres du collectif « Osons les territoires » remercient tous ceux qui ont nourri et soutenu cette réflexion collective :

Anne Rollet, enseignante-chercheuse ; Évelyne Perrin, Stop précarité et ATTAC 94 ; Robert Jestin, président d'Eco Origin et cocréateur d'Ar Nevez ; Philippe Marelle, médecin retraité ; Jean-Pascal Derumier, contributeur citoyen, auteur de *Pour une société contributive* ; Richard Petris, président fondateur de l'École de la paix de Grenoble ; Armel Prieur, président de Escape-jobs pour l'emploi sans carbone et animateur du mouvement pour un compte carbone ; Kristina Hakala, conduite de changement, 358 ° ; Hugues Sibille, président du Labo de l'ESS, ancien délégué interministériel à l'innovation et à l'économie sociale ; Patrick Lusson, bénévole associatif (Habitat et Humanisme/Mouvement européen France/Citego) ; Robert Spizzichino, ingénieur-urbaniste, coanimateur du projet Carma-Risome, auteur de *De la ville en politique* ; Francine Cotto-Depras, sociologue ; Vincent David, fondateur de l'agence RUP ; Jean-Yves Pineau, directeur des Localos ; Gabriel Colletis, auteur du *Manifeste pour l'industrie* ; Jacques Brégeon, fondateur du Collège des hautes études de l'environnement ; Armel Huet, socio-anthropologue, professeur honoraire des universités ; Thierry Paquot, philosophe et essayiste, auteur, notamment, du récent *Écologie des territoires*; Jacques Saint-Marc, urbaniste; Henri Malosse, ancien président du Comité économique et social européen; Antoine Héron, fondateur du CIDD (comment imaginer demain différemment); Thierry Pauchant, professeur en management, HEC Montréal; Dominique Martin-Ferrari, journaliste, directrice de Métamorphose outremers; Virgilio Dastoli président du Mouvement européen italien; Hervé Chaygneaud-Dupuy, Citoyens & Compagnie; Florence Durand-Tornare, citoyenne active et fondatrice de l'association Villes Internet; Jacques Fradin, fondateur de l'Institut de médecine environnementale; Louis-Marie Blanchard, coprésident des CRD (Citoyens pour le renouvellement de la démocratie); Jean-Michel Servet, professeur émérite d'économie; Joël Hebrard, ingénieur en chef territorial en retraite; Denis Pommier; Pierre Dupriez, recteur honoraire de l'ICHEC, Bruxelles; Charles-Ferdinand Nothomb, ministre d'État belge; Fabienne Marion, fondatrice et rédactrice en chef d'*Up magazine*; Yves Cochet, ancien ministre de l'Aménagement du territoire et de l'environnement, président de l'Institut Momentum; Sandra Villain, coanimatrice de la communauté Badgeons les Hauts-de-France; Association nationale des pôles territoriaux et des pays, ANPP; Gérard Peltre, président de l'association internationale Ruralité-Environnement-Développement; président du Mouvement européen de la ruralité; François Morin, professeur émérite d'économie, Université de Toulouse; Bernard Devert, président fondateur de Habitat et Humanisme; Anne Laroutis, Manifestation Alternatif France; Jean-Pierre Aubert, président fondateur de Terres de métamorphoses, qui regroupe diverses structures autour de la transition écologique des territoires; Bernard Pecqueur, professeur émérite des universités, université Grenoble-Alpes, auteur de *Dynamiques territoriales et mutations économiques*; Jacques Pinchard, conseiller délégué Rennes et Rennes Métropole, coréférent Nouvelle Donne 35; Dimitri Uzunidis, maître de conférences, université du Littoral-Côte-d'Opale; Science and Innovation for Global Peace; Xavier Guyon, professeur émérite, université Paris 1 Panthéon-Sorbonne; Claude Veyret, membre de Biovallée, la Fabrique des transitions, Écologie au quotidien, et du Laboratoire de la transition; Yvan Lubraneski, maire de Les Molières (91), vice-président de l'Association des maires ruraux de France, chargé de la culture et de la démocratie; Dominique Lesaffre, directeur général, SIDI (Solidarité internationale pour le développement et l'investissement); Florent Guillotte, codirecteur, SCIC des Quatre-Vents; Bernard Fortier, retraité du bâtiment; Julien Neiertz consultant en transition des territoires et cogérant du PTCE Le Phares (Île-Saint-Denis – 93); Marie-Claude Mioche, agrégée de lettres, ex-présidente (2012-2021) et membre du CA du Centre culturel de rencontre de Goutelas (42130); Ina Ranson, journaliste retraitée, militante de l'écologie et de la solidarité internationale.